Zoran Denić
JA KOJEG NEMA

I0151765

Urednik
NOVICA TADIĆ

Recenzent
BRANISLAV BOJIĆ

Na koricama
Aleksej Javljenski: NOĆ

ZORAN DENIĆ

JA KOJEG NEMA

pesme

RAD

LICE BEZ LICA

PESMOM PROTIV SEBE

Ponovo ponovo dišem,
Ah kako to svetla i snage daje!
I sad ništa osim pesme ne ištem,
Nek mi uzmu sve – ove reči sjaje.

A kad pesma prestane, moj svete,
Miran pašću ja pred noge tvoje
I biću čovek – tad nek mi se osvete
Sve reči ove, koje nisu moje.

HLADNA BLIZINA

Nekada nisam ništa znao
A sad ne znam ništa

Tumaram po mraku
Obezglavljen strahom

Ponekad se
Između trzaja života smirim
Kao lutka na koncima

Zamišljam da je
Sve smišljeno
I da je strašno bolno
Da bi bilo lažno

Umišljam da sam te
Zaboravio o smrti

Kako je samo
Prijatno hladna
Tvoja blizina

JA SAM TI

Svedok tvog rođenja
u trenutku tvoje smrti,
onaj što bez suda
posmatra igru senki
na platnu svesti,
taj isti ti
koji uvek stoji iza tebe –
to sam ja.

Oseti moju prisutnost.

Okreni pogled unutra,
gledaj u suprotnom pravcu od gledanja
i videćeš u ogledalu svog bića
moje pravo lice:
lice bez lica.

PESNIKU VATRE

Branku Miljkoviću

U nekom neizvesnom ritmu
Napisaće me tvoja pesma

Nek joj bude sve tesno
Između ova dva stiha
Kad se već smelo trudi
Da me probudi pevanjem

Nek joj malo mastilo pati
Dok mu trag ne uhvati
Ovaj varljivi smisao pisanja

I nek jednom zauvek
Prećutno shvati
Da je pevati i umirati
Isto što i baratati
Praznim rečima

VREME ZA ODLAZAK

Spremam se na put

Da se krene ranije
Nikad nije kasno

Ko rani
Polazi bez potrebe
Da se vrati

Većina ode na vreme
I bez svoje volje

Ja sam tako došao
Pre vremena idem

SAGLASNOST

Dobri Bože
Meni je svejedno

Oduvek si to i znao

Sad se moja lica
Stapaju u jedno

Tebi je svejedno
Imao si pravo

ZABORAVLJANJE

Zaboravio sam
Da se setim
Da ne želim
Da se sećam
Bilo čega
Što me vraća
Na sećanje
Na bilo šta
Što me podseća
Da zaboravim
Zašto želim
Da zaboravljam
To vraćanje
Na prošlost
Što me podseća
Na sećanje
Da ne želim
Da se setim
Da se više
Ne sećam
Ničega

KOPAČ SNA

Počnem
Osluškujem
Ubodem se
Triput se otrujem
Dok se ne pretvorim
Ne oglođem
Ne zgazim
Vrtlog mi suv
Sokom iz vida ga zalijem
Pa popijem sav njegov trud
Iz trnja izraste nov
Ko cvet raste
A trn
U zemlju ga zabijem
Iz kože mi izbije
Ko krik ko nož

Postanem
Postanak ne zna da jesam
I da znam
Gde mu tok izvire
Gde mu uvire
Odam ga
I njemu ga dam
Al ne mogu senku
Sa njom se jurim
U sebe na sebe pod sebe
Ko svoj ko tuđin
Ah umoran zaspim
Ko senka se probudim

PREDVIĐANJE

I dok se budem opraštao od sećanja
Tvoja će ruka na kiši
Moja nedra raskopčati

I možda će na dnu mene
U gnezdu ptica koje sam nekad voleo
Naći moje oči
Ako se ptice njima već nisu nahranile

Prodao sam ih za pregršt pijanog neba
I sad ne žalim zbog toga

Žalim zbog ptica

KAO

Kao da sam
Oduvek bio tu

Pa ipak
Kao da me nema

Kao da ide
Sve što ne sme
Da stane

Misao ova
Kao da prolazi

Kao da polako
Prolaznost odlazi

I kao da je
Bolje tako

TEK TADA

Sagoriš li ovo lutanje
Voljno il nevoljno

Skameniš li u meni
Bar jednu reč

Udahneš li me
Svojom bistrom lakoćom
Pre smrti

Biće mi dovoljno ćutanje

PRAZNO DEŠAVANJE

Dok neki nejasni smeh
Ostaje iza mene
Kroz moje telo
Kao kroz prazni meh
Bezglasni svemir duva

Polako me opija mir
Ili možda nemir
Ko zna

Uostalom da li sam
Ja to stvarno budan
Ili samo čuvam
Svoje snove

PRED SAN

Trunje u reci
Reko teci
Teče s tobom sve po planu

Pusti strašni smisao
Za neko drugo veče
U nekom nevinijem danu

SMELA ODLUKA

Odlučih da budem sunce

Kakva smelost
Govoraše oni

Ali to me nije obeshrabrilo

Zasijah u svom sjaju svom
I zaslepeo sam ih

I danas o tome
Kruže priče

Kažu
Dok sam ja goreo
Neko izvan mog sistema
Sunčao se

DISANJE PISANJA

Mogao bih slučajno
Da progutam
Prah ovih reči
U jednom mahu
I da se u predahu pesme
Nadam njenoj milosti

Smogao bih
Bar toliko snage
Za te reči drage
Samo da me nije
Strah smelosti

Ali zar ne ćutim tajno
Sve što se ne sme reći
Zar budan ne slutim
U samom dahu
Put kojim lutam
Sam u svetlosti

EPITAF

U ponoru me novi ponor čeka

SAM

Ovde sam
Neka sam
Tamo sam
Sa sobom sam
Od sada
Do tada
Znao sam
Da znam
Od kada nisam
Ne znam
Kuda snujem
Tuda spim
Tako u snu
Nad snom
Budan bdim
Ne čujem
Da čujem
Previrem
Da ponirem
Sam sam sve
Sve sam
I ništa nisam
I jesam ništa

UTRNUĆE

Prestati
Sa svakim imenovanjem

Ugasiti se kao sveća
Umorna od sagorevanja
Sopstvenog nestanka

Mirno se otisnuti
U večni zaborav nepovrata

Bez daha
Odahnuti u ništavilu

NA JAVI

Kako da zustavim
Neumorni tok sna

Kako da ne sanjam
Ovaj dodir postojanja

Gledam oblake
Oblaci ne postoje
Kad zatvorim oči

Postojim li ja

NEZNANJE

Bio sam tamo
Gde nisam bio

Tragao sam za onim
Za čim nisam tragao

Učestvovao sam
A nisam učestvovao

Razumeo sam
Ništa razumeo nisam

Boli me glava

MUČNINA

Više nisam siguran
Ni u šta

Muka mi je
Od ove unutrašnje tišine

Povraća mi se od praznine
Povraća od sebe

Gušim se od ovog
Neprestanog prisustva disanja

SUMNJA

Možda
Ja samo sanjam
Da jesam

Dok me nije bilo
Nisam znao
Da me nema

Šta sad odjednom
Uobražavam

SAZNANJE

Najzad znam
Da se reči prave
Rađaju jedino u korenu nedovršene istine
Koja se zadržala kao rosa
Na vrhovima zrele trave

Najzad znam
Tu igru jutra sa podnevom
I nesvakidašnju trku neokaljane noći
Koja se mora zaplesti
U mrežu svakidašnjeg blata

Najzad znam
Šta me čeka
Kad se budem rastao od svojih očiju
Čvrsto rešen da više nikad
Ne poželim da gledam

BEG

Osećam zov nestajanja
I trčim otvorenih grudi u ponor

Ne želim da se osvrćem

Moji me tragovi prate
Oni su brži od mene

Oluja je

SASTANAK NA PAPIRU

A sada pesmo
Ti i ja

I šta

Nit sam ja tvoj
Niti si ti moja

Koliko sam ja sam
Toliko si i ti sama

Nismo to mi pesmo

Šta da se pevamo više
Nek peva tišina u nama

ČOVEK

Kao bledi mesec
Što se jutrom sprema
Da svaki čas iščezne

I stvarno ga nema
I nestvarno je tu

Kao talas u okeanu
Što nastankom nestane
Nepovratno u neznanju

I stvarno ga nema
A bio je tu

PISMO

Dobro je da sam živ i da patim
Valjda to tako moram da platim,
I dobro je sve što me snađe –
Uvek me dobro nađe!

I samo se dobru nadam
Kad ćutim, trpim il stradam,
I dobro me boli i s dobrim se volim
I kada ne verujem i kad molim...

Jer...dobro je – šta drugo da kažem –
Pošto već ne znam, onda se slažem
Sa sobom: tu sam gde sam
Sam sam i dobro sam.

UNUTAR KAPI KOSMOS

KUĆA

Moja se kuća lako prepoznaje

Prozore sam porazbijao
Krov i zidove srušio

Vrata su mi širom otvorena
Otkad se ulazi bez kucanja

Čim se udomim
Navratite

NATPIS NA GROBU

Od sopstvenog glasa
Ogluveo

Od vida sopstvenog
Oslepeo

Oslanjao se na misao
Smisao izlizao

Srcem kucao
Na prozor neba

Vešao se za čednosti

Disao prebrzo disao
S bolom dah pomešao

Oglodao ga
Strah opreznosti

NEZVANI GOST

Pritajim se da ublažim
Udarce tišine u uhu

Spolja
Jedan kobac bi da uđe
A nepozvan

Prokleta mu krila
Vid mi zaklanjaju

Proklete mu kandže
Što mi lice grebu

Ne obleći kopče
Oko moje glave

Čuješ
Ne igraj se
Sa mnom žmurke

Udalji se
Da vidimo
Šta je moje
A šta tvoje

POSEBAN KONJ

Ovaj konj nije običan

Za njega posebno sedlo
Posebne uzde

I novu posebnu štalu
I sena koliko hoće

Taj se ne jaše sit
Njemu ne pašu svi

On posebno ne voli bič
Posebno običan bič

POD LAMPOM

Senko tu si

Da se skinemo tiho
Da proverimo plombe

Dok zrikavci buncaju
Da nas pacovi ne olaju

Da nas jutro ne saseče
Pomerimo se malo

Jer senko sami smo
Ostareli su ti zubi

Ne glumi beton

DAH NEBA

Nebo otvori se
Na dnu kraja
Gde sam stvoren

Reci mi
Čije je ovo lice
I čemu ovo lutanje

Ako sam tvoj dah
Ili obris beskraja
Odakle pitanje

Ako nisam
Jesam li koren bola
Ili sam običan prah

NI OD ČEGA

Zbog čega
Od nečega
U nečemu nešto

Kako nešto
Ni od čega
Ni u čemu
Ni zbog čega

Zašto ništa
Zbog nečega
Ni za šta

IMENA KRSTOVA

Dok se na strahu grejemo
Teška odsutnost pritiska
Nisku grobnicu neba

U ovoj svečanoj samoći
Bliska nam je samo tama

Zjapi ždrelo dosade
Ni kapi nade za nadu
Ni da se mrtvi smejemo

Prokleto seme prolaznosti
Brzo menja svoja lica

Ali vreme će sve pokazati
Pričaju kosti prahu

VRATA

Četiri zida
Sa po dvoja vrata
U tvojoj praznoj
Prostoriji bez prozora

Otvoriš li prava
Otvorićeš sva ostala

Kad otvoriš poslednja
Između tebe i prostora izvan zidova
Tajne više nema

Prostor postaješ ti
A pred vratima je neko drugi

U SREDIŠTU

Budnim okom
Vid gledam

Unutar kapi kosmos
Kap u moru sam

Izvan jezgra svemir
Plodu plodnost sam

U sred smrti
Životu sam točak

Stalno se vrtim
Ne znam šta sve ovo znači

UKUS SEĆANJA

Ko još mari za sumnju
Uvek prisutnu
Obraslu u munju vetrova
Zaraslu u svoje tragove

Oštar je ukus sećanja
Na tvrdim usnama ćutanja

Sa čelima teškim od čekanja
Prešli smo most koji spaja
Vreme bez kraja
Sa vremenom iz sna

A naš se prah
Razbacan iza nas po ranjavim putevima
Zlatan razdelio
Svim slepima i neupućenima

POSLEDNJA ZBIVANJA

Dave se vetrovi
U suprotnim strujama gorčine

Vrtovi žedni mirisa kiša
Cede iz korenja poslednje kapi svesti

Kameni cvet se u nadi otvara
Surovo sunce ga vara iza zidova plača

Prazan grob sam sebe kopa

Zarobljena u crnom gipsu
Ptica ubija svoj let

I sve ovo u tišini i neprimetno
Da niko ništa ne vidi i ne čuje

PUTNIKU

Jednom poći ćeš
Poći zbog idem
Gluv za sve osim za koračanje
Nečujan i oprezan
Jer tad je istina što nije
I ne može biti
Jer tad nisi pošao da bi išta dokazao
Tebi već dokazano je
Da odavno ne čuješ glasove iz magle
Da odavno ne čuju te
Odavno ne znaju da znaš

Jednom poći ćeš
Sam siguran u nevraćanje
Siguran da nisi pošao da stigneš
Nego ideš da budeš na putu
Jer jesi jer si putnik
Jer gde napustio si sve
Tu tvoj put počinje

LIST U JESENJOJ MAGLI

Nemoj kroz maglu umom
Početak svake pesme je isti
Moje je prazno nekome puno
Svejedno smo jedno na listi

Ne budi mrtva budi me pesmo
Probudi nas jednom jesmo budimo
Jesen je lišće je nesvesno
Maglom se uma čudimo

I ludim bez tebe tup
Gde su ti oči opadam
Novi početak je skup
Mrtav sam mada se nadam

OVAN

Mutave puteve
Motaju mi po glavi

Kupuju me za makaze
Oči mi podgrevaju

Uši mi vunom pune
Dosadnu muku mi štrikaju

Ne bi li me zasmejali
Grlo mi oštre na noževe

Od kada me to golica
Prašina mi pada na rogove

BEG U NEIZBEŽNO

POVRATAK

Najzad sam
Neuznemiren i slobodan

Bez znanja za noć i dan
Bez želje da jesam

Zatvoren u ništa
U vremenu bez vremena

U samom semenu stvaranja
Otvoren nepostojanju

Bez misli otvaranja
Zauvek nepomičan

Sličan kamenu iznutra
Nem i blažen u neznanju

Bez napora i htenja
Vraćen božanskom stanju

Pre svoga rođenja

PREDSTAVA

Što se guraš kad smo svi u istoj loži
Gužva je pa šta
Gurao se ti u svojoj ili tuđoj koži
Sedećemo skupa
A i predstava je glupa
Izađimo dok još nije kasno
Šta vredi da buljimo
Kad nam ništa nije jasno

BUDAN OKVIR

Reci mi okvire moj
Zašto u hodnicima velikih posledica
Nema tragova grešaka
Pa ipak mi njihov prolazak '
Neprestano u ušima odzvanja

Ne pitaj mene ništa
Sliko bez boja
Jer mi je jedna tačka na zidu
Pažnju odvukla
I to baš kad su te slikali
S druge strane papira

NEVIDLJIVOST

Sahranio sam žive
Sve drage reči

Sagoreo sva značenja
U vatri besmisla

Oduvao bezvučno
Zavodljivu maglu tišine

Zanemeo slepo
Od gluve praznine

Prepoznajte me po ostacima

SENKA

Video sam te
U budnom jutarnjem snu skrivena senko
I prepoznao te u pokretu
Koji ti se kao divlja ptica oteo iz ruku

Ne beži
Sad ne možeš pobeći
Sa mog čela
Sa moga bedema

Sve do sledećeg jutra
Do sledećeg bunila
Bićeš moja

Sve dok ne odlučim
Da te pustim

Dok ne budeš do dna ispijena
Po dnu pretražena pokradena
I opasno nestrpljiva
Do sledećeg viđenja

IZVAN UNUTRA

Nekada sam bio čovek
Sada više ne znam

To je nešto gusto
Prazno potpuno

Prostor u prostoru
Ispunjen sobom

Čudesno jasno
A ništa se ne vidi

Pomalo zbunjuje
Taj glas koji čuje sebe

KVARAN POGLED

Obmanut tamom
Tupo tamo gledam

Moj pogled
Kao da me kvari gledanjem

Jadan od gledanja
U nedogled sanja nebo

Najeo se očiju
Šta još ima da vidi

SAN

Sanjao sam
i oslanjao se na sebe,
bio sam predeo bez suše.
U moj san dolazili su gosti
gostili se i ostavljali kosti;
nataložilo se na dnu moje duše.
I tada ko i sada znao sam
vetar će odneti svoje,
kiša će oprati svoje,
a na dan moje smrti sve će presahnuti.
Pa ipak, taj dan nije stigao,
umesto njega došao je On.
Pozvao me je i ja sam ušao (bez duše);
po prvi put bio sam i gost i Bog –
probudio sam se u predelu bez suše:
u njegov san dolazili su gosti
gostili se i ostavljali kosti,
sanjao me je i oslanjao se na sebe...

MOŽDA

Možda krik bezimenog
Možda bezvremeni lik
Ili nevidljivi oblik nadahnuća

Možda su se reči
Urotile protiv sebe
A možda i nisu

Možda ćemo nesigurno ćutati
Ili pevati bez smisla
Beskrajno sami

Vratićemo se možda
Bezobličnom sebi
Koje nas uporno mami

A možda i nećemo

TAJNI PODSETNIK

Postoji samo jedna mogućnost
Dva izbora nema

Bitan je trenutak samo
Sve ostalo se ne računa

Samo jednom je opasno
Jednom kasno

Oni koji su daleko od smrti
Daleko su od sebe

IGRA TAME

Tamo čista
Nevidljiva mrežo neznanja
Spoznaj me maglom

Maglo gusta
Zavodljiva senko saznanja
Nosi me oblakom

Oblače beli
Jasni izdanče svetla
Zažmuri na moju tamu

Upoznaj me s mrakom

SLUŠANJE I PRIČANJE

Svi čuju kako slušaju
A slušaju što žele da čuju

Samo vi slušajte

Oni koji pričaju
Slušaju da čuju kako zvuče

Samo vi pričajte

ODJEK ISTINE

Svaka je reč
Samo odjek istine
Istine odjek istine

Istina je nema
I oblika nema
Nema oblika nema

Traganje za njom
Udaljava od nje
Od nje udaljava od nje

Neka se vrate ove reči
Odakle su došle
Došle odakle su došle

NEVREME

Sad je vreme nevreme

Lako nas drobi
Žrvanj kobi

I krici se
U grlu dave
I senke trag ostave

Sve ispliva na usta
Pusta od reči pravih

Jako smo krti
Pred licem smrti

Dok jesmo
Kao da nismo
Zamrimo pesmo nemi

Tako se peni
Bol u meni

IZLAZ

Oklevaj
Vremena za žurbu nema

Sačekaj
Da sve propustiš

Nadaj se
Da je sve izgubljeno

Sanjaj
Da ćeš ostati budan

Beži u neizbežno

ROBOT

Mislio sam kad sam disao
I disao kako sam mislio

Slušao sam kad sam čuo
I pričao sam otvarajući usta

Dodirivao sam bez ukusa
Mirisao bez dodira

Video sam da ne vidim sebe
I gledao sam da ne gledam druge

Sanjao sam da sam robot

UPUTSTVO UČENIKU

Kad te slučajno nečujno
Umesto mene postave
Na grešni presto
Posadi seme svog neznanja
Na dno moga postojanja

Ukradi malo svetlucanja
Iz moje lude tmine
Kad se uplašiš tišine
Ploda svoga cvetanja

Na kraju kad te
Najzad ne bude
Iz utrobe ove Svete Praznine
Iščupaj koren svoga greha
I slobodno umri od smeha

SLIKANJE VIDA

Rasla mi jedna
Žedna slika
Na zenici mog opijenog vida

Porasla kao
Neka nevidljiva razlika
Između mene i sveta

Izrasla prozirna
Bez stabla i korena
U moj vidik procvetala

Na vatri moga oka
Od svetlosti progledala

UNUTRAŠNJE ISPITIVANJE

Da li se nekada uplašiš
Lica koja se mahnito množe
U tvojoj usnuloj glavi

Zar se nikada iznenada
Ispod tvoje kože ne javi
Bezimena pauza tišine

Sreće li te bar ponekad
Kao nezvana ptica
Muza nepoznate daljine

Traješ li ikad
Nem i bezazlen
Kao zelena grana u proleće

SUDBINA KOLEBANJA

Slobodanu Vekiću

Ispred nas je nejasni predeo
Koji smo zajedno izmislili.

Naša imena su čitko skrivena
Na indigu sudbine –
Mi smo beskrajno plitko dno tonjenja,
Nikad ne idemo dublje od dubine kopije.

Pa ipak te po tragovima sećanja
Potajno pitam:
Da li si ti ja,
Ili smo Nešto nevoljno stopljeno
U nečiji suvišni deo?

Svejedno – ionako moramo slediti Zakon
Večnog skrivanja i vrebanja.

Pre ili kasnije,
Potonućemo nevešto
U tečno tlo besmisla,
Osim ako se ne okrenemo
Za sopstvenom senkom
(Pticom ili zvezdom nekom).

Osim ako nas nakon kolebanja
Ne razjede zlo jasnijeg smisla.

PESMI

Krvi moja čista
Između neba i dna
Žeđi užarena
Od večitog postojanja
Misli neumorne
Nemirne neprospavane
Jutro moje bez granica
Između buđenja i sna
Vatro u mojoj volji na dlanovima
Srži moga trajanja
Izvajana od nadanja
Imuna od zla
Krvi moja čista
Netaknuta ikada

BELEŠKA O PISCU

Zoran Denić rođen je 1964. godine u Zemunu, gde i sada živi. Studirao je teologiju. Bavi se prevodilaštvom. Ovo je njegova prva knjiga pesama.

SADRŽAJ

LICE BEZ LICA

UNUTAR KAPI KOSMOS

BEG U NEIZBEŽNO

Zoran Denić
JA KOJEG NEMA

*

Glavni urednik
JOVICA AĆIN

*

Grafički urednik
DUŠAN VUJIĆ

*

Dizajn korica
ALJOŠA LAZOVIĆ

*

Izdavač
I. P. RAD, d. d.
Beograd, Dečanska 12

*

Za izdavača
SIMON SIMONOVIĆ

*

Priprema teksta
Grafički studio RAD

*

Štampa
Codex Comerce
Beograd

CIP – Каталогизација у публикацији
Народна библиотека Србије, Београд

886.1-1

ДЕНИЋ, Зоран
    Ja kojeg nema : pesme / Zoran Denić. – Beo-
grad : Rad, 1999 (Beograd : Codex Comerce). – 84
str. ; 21 cm.

Beleška o piscu: str. 77.
ISBN 86-09-00603-4

ID=73342476

Милорад Ђапић
ЧЕСТИЦЕ

Милорад Ђапић
ЧЕСТИЦЕ

Уредник
Новица Тадић

Ликовна опрема
Милан Милетић